CARLOS MESTERS
FRANCISCO OROFINO

AS VIÚVAS NA BÍBLIA

10 histórias inspiradoras

EDITORA
SANTUÁRIO

Coordenação Editorial: Ana Lúcia de Castro Leite
Revisão: Sofia Machado
Diagramação e capa: Mauricio Pereira

Dados Internacionais de Catalogação na Publicação (CIP) de acordo com ISBD

M586v Mesters, Carlos

As viúvas na bíblia: 10 histórias inspiradoras / Carlos Mesters, Francisco Orofino. - Aparecida, SP : Editora Santuário, 2020.
112 p. ; 11cm x 15cm.

Inclui índice.
ISBN: 978-65-5527-007-5

1. Bíblia. 2. Viúvas. 3. Cristianismo. I. Orofino, Francisco. II. Título.

CDD 220
2020-814 CDU 22

Elaborado por Vagner Rodolfo da Silva - CRB-8/9410

Índice para catálogo sistemático:
1. Bíblia 220
2. Bíblia 22

1ª impressão

Rua Pe. Claro Monteiro, 342 – 12570-000 – Aparecida-SP
Tel.: 12 3104-2000 – Televendas: 0800 - 16 00 04
www.editorasantuario.com.br
vendas@editorasantuario.com.br

Introdução

Outro dia, em uma conversa amiga, procurando saber o que a Bíblia informa sobre a ajuda a ser dada às viúvas, descobrimos que a palavra ***viúva*** ocorre mais de cem vezes na Bíblia! Para ser exato, 116 vezes! Então, quisemos saber quantas vezes a Bíblia menciona os viúvos, e descobrimos, para nossa surpresa, que a Bíblia sequer menciona os viúvos, e que a própria palavra ***viúvo*** não ocorre na Bíblia. Aí veio a pergunta que fez nascer este livro: por que a Bíblia menciona tantas vezes as viúvas e não menciona os viúvos?

A palavra ***viúva*** faz pensar na morte do marido e faz adivinhar sofrimento e tristeza; tristeza calada, que ocupa um grande espaço na memória da viúva. Os filhos são uma consolação, sim, mas também são lembranças vivas do marido falecido. O mesmo sofrimento também vale para o viúvo, que fica com a dor da saudade de sua esposa falecida. Mesmo assim, na Bíblia, os viúvos não são lembrados. Por quê?

O motivo que leva a Bíblia a falar das viúvas com tanta frequência não pode ser a tristeza causada pela morte do marido. Pois, nesse caso, deveria falar também dos viúvos, que sofrem do mesmo jeito, e até mais, pela perda da esposa. A diferença entre viúva e viúvo na Bíblia deve ter uma outra causa. Aí, começamos a procurar a causa dessa diferença. Eis o caminho que percorremos, e o resultado é este livro que você está abrindo.

Lendo este livro, você nos acompanhará na viagem pela Bíblia, visitando as casas das viúvas. Para iniciar o trabalho, percorremos todos os livros da Bíblia, desde Gênesis até o Apocalipse, para ver o que neles se afirma sobre as viúvas. Em seguida, olhamos de perto a vida de algumas das viúvas mencionadas na Bíblia. E, no fim, fomos ver como os primeiros cristãos se organizavam para atender as viúvas necessitadas.

Em vista disso, nossa reflexão terá estas três partes:

1ª parte: Informações da Bíblia sobre a situação das viúvas

2ª parte: Visitando as casas de algumas viúvas da Bíblia

3ª parte: Completando e concluindo sobre a ajuda às viúvas na igreja primitiva

1ª parte

Informações da Bíblia sobre a situação das viúvas

1. Nos cinco livros do Pentateuco

Gênesis (Gn 38,11)

O livro de Gênesis traz a história de Tamar, uma estrangeira. Depois que ficou *viúva*, ela lutou por seus direitos e levou o próprio Patriarca Judá a ser mais fiel à lei de Deus (cf. Gn 38,26). A Lei dizia a respeito das viúvas: "Quando dois irmãos moram juntos e um deles morre sem deixar filhos, a **viúva** não sairá de casa para casar-se com nenhum estranho; mas seu cunhado se casará com ela, cumprindo o dever de cunhado. O primogênito que nascer receberá o nome do irmão falecido, para que o nome deste não se apague em Israel" (Dt 25,5-6). O nome de Tamar, esta viúva estrangeira, encontra-se na genealogia de Jesus como uma das bisavós do Filho de Deus (Mt 1,3). De Tamar falaremos na 2ª parte deste livro.

Êxodo (Êx 22,21-23)

O livro do Êxodo traz esta advertência muito séria: "Não maltrate a **viúva** nem o órfão, porque, se você os maltratar e eles clamarem a mim, eu escutarei o clamor deles. Minha ira então se inflamará, e eu farei vocês perecerem pela espada: as mulheres de vocês ficarão **viúvas** e seus filhos ficarão órfãos" (Êx 22,21-23).

Nesse texto, conhecido como o Direito do Pobre no Código da Aliança, viúva e órfão aparecem em pé de igualdade como pessoas necessitadas de ajuda. Se elas forem maltratadas e clamarem a Deus, Deus atenderá ao clamor delas. Com outras palavras, tome cuidado! Se você for a causa do clamor da viúva, você será castigado por Deus!

Levítico

1) **Levítico 21,13-15**: As instruções do livro do Levítico dizem o seguinte a respeito do Sumo Sacerdote: "Ele [o Sumo Sacerdote] tomará por esposa uma virgem; não se casará com **viúva**

ou com mulher repudiada, desonrada ou prostituta, mas se casará com uma virgem de seu povo, para não profanar seus filhos no meio do povo, porque eu sou YHWH, que o santifico" (Lv 21,13-15).

Nesse texto, viúva, mulher repudiada, mulher desonrada ou prostituta aparecem em condições iguais quanto às qualidades que uma mulher devia ter, naquela época, para poder ser esposa de um Sumo Sacerdote. Conforme as instruções do texto, o Sumo Sacerdote, por causa da santidade de sua função, não podia casar com viúva, nem com mulher repudiada, desonrada ou prostituta. Isso significa que, naqueles tempos, a viúva era vista como mulher de condição inferior.

2) **Levítico 22,12-13**: Relacionado com esse mesmo assunto, o livro do Levítico traz uma informação a respeito das filhas dos sacerdotes: "Se a filha de um sacerdote se casar com um estranho [leigo], não poderá comer dos tributos sagrados. Mas se ela fi-

car **viúva** ou for repudiada sem ter filhos, e voltar para a casa paterna, como no tempo de sua juventude, poderá então comer do alimento de seu pai. Mas nenhum estranho poderá comer desse alimento" (Lv 22,12-13).

Naquela época, o fato de alguém ser sacerdote não dependia da escolha pessoal como hoje, mas do simples fato de ele ser membro da tribo de Levi, que era a tribo sacerdotal.

Números (Nm 30,10)

O livro dos Números diz: "O voto de uma mulher **viúva** ou repudiada e todas as promessas que fizer serão válidos para ela" (Nm 30,10). Aqui, a Lei de Deus pede que a palavra de viúva ou de mulher repudiada seja levada a sério.

Deuteronômio

O Deuteronômio, por influência da pregação profética, é o livro da Bíblia que traz o maior número de apelos para o povo ajudar as viúvas.

1) **Deuteronômio 10,17-19**: "Yhwh seu Deus é o Deus dos deuses e o Senhor dos senhores, o Deus grande, valente e terrível, que não faz diferença entre as pessoas e não aceita suborno. Ele faz justiça ao órfão e à **viúva** e ama o imigrante, dando-lhe pão e roupa. Portanto, amem o imigrante, porque vocês foram imigrantes no Egito" (Dt 10,17-19).

Nesse texto, a viúva aparece com os órfãos, os imigrantes e o pessoal sem pão e sem roupa. Trata-se, portanto, dos pobres, as pessoas de posição social vulnerável, sem condições de poderem sobreviver sozinhas.

2) **Deuteronômio 14,28-29**: "A cada três anos você pegará o dízimo da colheita do ano e o colocará nas portas da cidade. Então virá o levita que não recebeu uma parte na herança de vocês, o imigrante, o órfão e a **viúva** que vivem em suas cidades, e comerão até ficarem saciados. Desse modo, Yhwh seu Deus abençoará você em todo trabalho que você realizar" (Dt 14,28-29).

Nesse texto, como no texto anterior, a viúva aparece na fila dos indigentes, juntamente com os imigrantes e órfãos, que não têm o suficiente para poder viver e que necessitam da ajuda comunitária.

3) **Deuteronômio 16,11-12:** A respeito da celebração das grandes festas, o livro do Deuteronômio diz o seguinte: "Você fará uma festa diante de YHWH seu Deus – juntamente com seu filho e sua filha, seu escravo e sua escrava, com o levita, que vive em sua cidade, e o imigrante, o órfão e a **viúva,** que vivem em seu meio – no lugar que YHWH seu Deus tiver escolhido para aí fazer habitar seu nome. Lembre-se que você foi escravo no Egito, e cuide de colocar em prática estes estatutos" (Dt 16,11-12; cf. Dt 16,13-15; Dt 14,28-29).

Essa prescrição a respeito da celebração das grandes festas deixa bem claro o seguinte: Deus não quer que as pessoas com posse de bens façam festa bonita, deixando de fora o pobre, o escravo, a escrava, o levita, o imigrante, o órfão e a **viúva**. Deus pede que todos, também os pobres e as viúvas, possam participar das festas e, assim, sentir-se acolhidos na família de Deus. Isto significa que a viúva era considerada de classe social inferior no mesmo nível de pobre, escravo, migrante e órfão.

4) **Deuteronômio 24,17-22:** Nesse longo texto, Moisés insiste no motivo que deve levar as pessoas a ajudarem as viúvas. Ele diz: "Não distorça o direito do estrangeiro e do órfão, nem tome como penhor a roupa da **viúva**. Lembre-se: você foi escravo no Egito e daí Yhwh seu Deus o resgatou. É por isso que eu lhe ordeno agir desse modo. Quando você estiver ceifando a colheita em seu campo e esquecer atrás um feixe, não volte para pegá-lo: deixe-o para o imigrante, o órfão e a **viúva**. Desse modo, Yhwh seu Deus abençoará você em todo o seu trabalho. Quando você sacudir as azeitonas de sua oliveira, não volte para catar o que tiver sobrado: o resto será para o imigrante, o órfão e a **viúva**. Quando você colher as uvas de sua vinha, não volte para catar

o que tiver sobrado: o resto será para o imigrante, o órfão e a **viúva**. Lembre-se: você foi escravo no Egito. É por isso que eu lhe ordeno agir desse modo" (Dt 24,17-22).

Essa é a lei do respigo, que obriga deixar o restolho da colheita para os pobres. O motivo principal da ajuda a ser dada às viúvas é sempre o mesmo: *Lembre-se: você foi escravo no Egito. É por isso que eu lhe ordeno agir desse modo* (Dt 24,18.22; cf. Dt 5,15; 15,15; 16,12). Eles devem imitar Deus que liberta os escravos. O outro motivo está subentendido no fato de a viúva aparecer com os estrangeiros, os órfãos, os escravos e os imigrantes (Dt 24,17.19.20.21). Todos eles são pessoas que não têm condições de sobreviverem sozinhas, por isso precisam da ajuda dos outros.

5) **Deuteronômio 25,5-10:** O texto fala de um costume que não existe mais hoje em dia: "Quando dois irmãos moram juntos e um deles morre sem deixar filhos, a **viúva** não sairá de casa para casar-se com nenhum estranho; seu

cunhado se casará com ela, cumprindo o dever de cunhado. O primogênito que nascer receberá o nome do irmão falecido, para que o nome deste não se apague em Israel" (Dt 25,5-6).

Trata-se de uma lei que foi criada para evitar que o nome de uma pessoa desaparecesse. E o que deviam fazer, caso o cunhado não aceitasse casar com a viúva do irmão falecido? O texto responde com dureza: "Se o cunhado se nega a casar-se com a **viúva**, esta irá aos anciãos no tribunal, e dirá: 'Meu cunhado se nega a transmitir o nome de seu irmão em Israel; não quer cumprir comigo seu dever de cunhado'. Os anciãos da cidade o convocarão e procurarão convencê-lo. Se ele persiste e diz que não quer se casar com ela, então a viúva se aproximará dele, diante dos anciãos, lhe tirará a sandália do pé, lhe cuspirá no rosto, e fará esta declaração: 'Isto é o que se faz com um homem que não edifica a casa de seu irmão. E em Israel ele ficará com o apelido de 'a família do descalçado'" (Dt 25,5-10).

6) **Deuteronômio 26,12-13:** O texto fala da obrigação de destinar uma parte do dízimo para as viúvas: "A cada três anos, no ano dos dízimos, quando você tiver acabado de separar todo dízimo de sua colheita e o tiver dado ao levita, ao imigrante, ao órfão e à **viúva**, para que comam e fiquem saciados em suas cidades, você confessará diante de YHWH seu Deus: 'Eu tirei de minha casa o que estava consagrado e o dei ao levita, ao imigrante, ao órfão e à **viúva**, conforme a ordem que me deste. Não violei nem esqueci teus mandamentos" (Dt 26,12-13).

O dízimo era uma maneira de o povo partilhar seus bens com as pessoas necessitadas: levita, órfão, imigrante e **viúva**. Esta mesma norma já apareceu em Deuteronômio 14,28-29.

7) **Deuteronômio 27,19:** Na maldição, relatada nesse texto, transparece a seriedade da obrigação de se prestar ajuda às viúvas: "Maldito seja aquele que perverte o direito do estrangeiro, do órfão e da **viúva**! E todo o povo dirá: Amém!" (Dt 27,19).

Novamente, a viúva aparece com os estrangeiros e os órfãos, pessoas socialmente vulneráveis.

*** Breve síntese sobre a situação das viúvas que aparecem no Pentateuco**

1. Na morte do marido, a mulher, ficando viúva, mudava de condição social e se tornava uma pessoa vulnerável, sem apoio e sem defesa, sem condições de sobreviver sozinha, precisando de ajuda.

2. O mesmo não se dizia a respeito dos viúvos, pois na morte da esposa o homem logo casava com outra mulher ou já tinha várias mulheres.

3. As viúvas por serem pessoas necessitadas eram, por isso mesmo, um apelo à consciência do povo que acreditava no Deus que "sempre escuta o clamor dos pobres" (cf. Êx 2,24; 3,7-9).

4. Para evitar que o nome do marido falecido sem filho desaparecesse por falta de um descendente, a lei mandava a viúva casar com

o irmão do marido falecido, e o primeiro filho que nascesse teria o nome do marido falecido. Assim, manteriam vivo o nome dele. Ora, se a Bíblia recomenda tanto a ajuda às viúvas, é sinal de que esta lei tribal, chamada "Lei do Levirato" (cf. Dt 25,5-6), não estava sendo bem observada.

2. Nos Livros históricos

Rute

No livro de Rute aparecem três viúvas: Rute, Noemi e Orfa (Rt 1,3-5; 4,10). Delas falaremos na segunda parte deste livro.

Samuel

1) O 1º livro de Samuel menciona Abigail, uma ***viúva*** que se tornou a mulher de Davi (1Sm 25,36-42). Não aparece a palavra *viúva*. Apenas se diz que o marido morreu, e ela logo casou com Davi. De Abigail falaremos na 2ª parte deste livro.

2) O 2º livro de Samuel menciona uma mulher de Técua que se fez passar por viúva para conseguir um favor de Davi: "Ai de mim! Sou **viúva**. Meu marido morreu" (2Sm 14,5).

3) O 2º livro de Samuel menciona ainda as dez concubinas de Davi que "ficaram como **viú-**

vas de uma pessoa viva" (2Sm 20,3). Hoje, nós dizemos "viúvas de marido vivo".

Reis

1) O 1º livro dos Reis menciona a **viúva** que foi a mãe de Hiram de Tiro, arquiteto famoso contratado pelo rei Salomão para trabalhar na construção do Templo (1Rs 7,13-14).

2) O 1º livro dos Reis também menciona a **viúva** chamada Sarva, mãe de Jeroboão, o primeiro rei de Israel. Foi Jeroboão que se revoltou contra o rei Salomão (1Rs 11,26).

3) O 1º livro dos Reis ainda fala da **viúva** de Sarepta que ajudou o profeta Elias partilhando com ele o pouco de pão que tinha (1Rs 17,9-16). Da viúva de Sarepta, falaremos na 2ª parte.

4) O 2º livro dos Reis fala da **viúva** que, aconselhada pelo profeta Eliseu, conseguiu ajuda por meio da partilha amiga de suas vizinhas (2Rs 4,1-7). Dessa viúva também falaremos na 2ª parte.

Crônicas

O 1º livro das Crônicas menciona Éfrata, uma **viúva** que se tornou a mulher de Caleb, (1Cr 2,24), que foi um dos que mais ajudaram Moisés naqueles quarenta anos do povo no deserto (cf. Js 14,6-14; Nm 13,30-33; 14,20-38).

Judite

"Judite era **viúva** fazia três anos e quatro meses. Vivia em sua casa, em um cuarto que mandara fazer no terraço. Vestia pano de saco e usava roupas de **viúva**. Desde que ficou **viúva**, jejuava diariamente, menos no dia de sábado e na véspera, no primeiro e último dia do mês, nas festas e comemorações israelitas" (Jt 8,4-6). Em sua oração, Judite diz: "Deus, meu Deus, ouve esta pobre **viúva**" (Jt 9,4). De Judite, falaremos na 2ª parte deste livro.

Tobias

O livro de Tobias informa que Tobit, o pai de Tobias, pagava o dízimo destinado "para os órfãos, as **viúvas**, e os estrangeiros convertidos que viviam com os israelitas" (Tb 1,8).

Macabeus

1) O 2º Livro dos Macabeus informa que as coisas depositadas no tesouro do templo "eram de **viúvas** e órfãos" (2Mc 3,10).

2) O mesmo livro fala ainda dos despojos da guerra a serem partilhados "entre mutilados, órfãos e viúvas e velhos" (2Mc 8,28.30).

Nos livros de Josué, Juízes, Esdras, Neemias e Ester não há menção de viúvas.

Na 2ª Parte deste livro falaremos das seguintes viúvas mencionadas nos Livros Históricos: Noemi, Rute, Abigail, Judite, a viúva de Sarepta do tempo do profeta Elias e a viúva do tempo do profeta Eliseu.

3. Nos Livros sapienciais

Livro de Jó

Depois do livro do Deuteronômio, é o livro de Jó que mais fala da ajuda para as viúvas:

1) **Jó 22,6-10**: Elifaz, um dos três amigos de Jó, acusava Jó dizendo que o sofrimento dele era castigo de Deus por ele não ter ajudado os pobres e as *viúvas*: "Você penhorava os bens de seus irmãos e despojava os outros até deixá-los nus. Você não oferecia água ao sedento, e negava pão ao faminto. Você entregava a terra aos poderosos, e aí se instalavam os privilegiados. Você despedia as **viúvas** de mãos vazias, e violava o direito dos órfãos. É por isso que você está preso nos laços e perturbado por terrores fulminantes" (Jó 22,6-10).

Nessa acusação de Elifaz, a viúva aparece com os sedentos, famintos e órfãos, em oposição aos poderosos e aos privilegiados. Com veemência Jó nega a acusação que Elifaz fez contra ele (Jó 23,1-17).

2) **Jó 24,1-3**: Jó quer saber por que Deus não intervém diante de tanta injustiça que existe no mundo: "Por que o Todo-poderoso não marca tempos de julgamento, para que seus fiéis possam presenciar suas intervenções? Os injustos mudam as fronteiras, roubam rebanhos e os levam a pastar. Apoderam-se do jumento que pertence ao órfão, e penhoram o boi que é da **viúva**. Empurram os indigentes para fora do caminho, e os pobres da terra têm que se esconder" (Jó 24,1-3).

Nessa reclamação de Jó, transparecem as reclamações que até hoje nós fazemos muitas vezes: Por que Deus não intervém diante de tanta injustiça?

3) **Jó 21,4**: E Jó acrescenta: "Eles [os injustos] maltratam a mulher estéril e sem filhos e não mostram bondade para com a **viúva**" (Jó 24,21).

Nessas palavras de Jó, a viúva está entre as pessoas vulneráveis, sem defesa, que eram maltratadas, exploradas e marginalizadas.

4) **Jó 27,13-15**: Jó descreve o destino que Deus reserva para os injustos e os criminosos: "Esta é a sorte que Deus reserva ao injusto, a herança que os opressores recebem do Todo-poderoso: se tiverem muitos filhos, todos morrerão pela espada, e seus descendentes não terão o que comer. Os sobreviventes serão sepultados pela peste, e suas **viúvas** não chorarão por eles" (Jó 27,13-15).

Jó deixa subentendido que os injustos eram tão maldosos, que suas mulheres sequer chegavam a chorar a morte deles. Elas ficavam felizes e até satisfeitas. Finalmente, livres dos maridos malvados!

5) **Jó 29,11-13**: Fazendo memória de sua própria vida, Jó lembra com certo orgulho: "Todos os que ouviam, me elogiavam, e com os olhos me aprovavam, porque eu libertava o pobre que pedia socorro e o órfão indefeso. Eu

recebia a bênção do moribundo e alegrava o coração da **viúva**" (Jó 29,11-13).

Novamente, a viúva aparece como pessoa necessitada junto do pobre que pede socorro, junto do órfão sem defesa e do moribundo.

6) **Jó 31,16-17**: No fim, para se defender, Jó pergunta aos que o acusavam: "Por acaso neguei o que o fraco desejava ou deixei a **viúva** consumir-se em pranto? Comi sozinho meu pedaço de pão, sem reparti-lo com o órfão?" (Jó 31,16-17).

Com outras palavras, Jó sempre atendia às necessidades das **viúvas.**

Livro dos Salmos

1. **Salmo 68:** Deus aparece como: "Pai dos órfãos, protetor das **viúvas**" (Sl 68,6). Essa descrição da ação de Deus como "protetor das viúvas" faz lembrar o cântico da **viúva** Judite, que dizia: "Tu és o Deus dos humildes, o socorro dos oprimidos, o protetor dos fracos, o abrigo dos abandonados, o salvador dos desesperados" (Jt 9,11).

2. **Salmo 78**: As infidelidades do povo provocaram o exílio, que desintegrou por completo a vida do povo de Deus. Diz o Salmo: "Seus jovens foram devorados pelo fogo, e suas virgens não tiveram canto de núpcias. Seus sacerdotes caíram sob a espada, e suas **viúvas** não entoaram lamentações" (Sl 78,63-64).

Aqui se aplica o mesmo que Jó dizia a respeito de uma das tarefas das viúvas: "Chorar a morte do marido" (cf. Jó 27,13-15).

3. **Salmo 94**: O Salmo fala dos criminosos: "Eles massacram teu povo, YHWH, eles humilham tua herança; matam a **viúva** e o estrangeiro e assassinam os órfãos. E comentam: 'YHWH nada vê, o Deus de Jacó nem percebe'" (Sl 94,5-7).

A violência praticada contra as viúvas, que transparece nesse salmo, mostra claramente que as viúvas eram pessoas abandonadas, sem defesa.

4. **Salmo 109**: O salmista roga a seguinte praga violenta contra as pessoas que o perseguiam: "Que seus filhos fiquem órfãos, e sua

mulher se torne **viúva**. Que seus filhos fiquem vagando a mendigar e sejam expulsos das ruínas" (Sl 109,9-10).

5. **Salmo 146**: Neste salmo Deus aparece como o defensor das **viúvas**: "YHWH faz justiça aos oprimidos, dá pão aos famintos, liberta os prisioneiros. YHWH abre os olhos dos cegos, endireita os encurvados, ama os justos. YHWH protege os estrangeiros, sustenta o órfão e a **viúva**, mas transtorna o caminho dos injustos" (Sl 146,7-9).

Esse salmo traz as oito bem-aventuranças do AT: (1) justiça aos oprimidos, (2) pão para os famintos, (3) liberdade para os prisioneiros, (4) abrir os olhos dos cegos, (5) endireitar os encurvados, (6) amar os justos, (7) proteger os estrangeiros e (8) sustentar o órfão e a ***viúva***.

Livro dos Provérbios

No livro dos Provérbios, Deus aparece como protetor das viúvas: "O Senhor derruba a casa do orgulhoso, mas mantém intactos os limites da propriedade da **viúva**" (Pr 15,25).

Livro da Sabedoria

O livro da Sabedoria descreve a terrível ideologia do império romano que dizia: "Vamos oprimir o pobre inocente e não vamos poupar as **viúvas**, nem respeitar os cabelos brancos do ancião. Nossa força será regra da justiça, porque o fraco é claramente coisa inútil" (Sb 2,10-11).

Segundo a ideologia oficial do império romano no primeiro século antes de Cristo, pobres, velhos, **viúvas** e gente fraca não serviam para nada e eram descartáveis. Parece até uma antecipação do império neoliberal de hoje.

Livro do Eclesiástico

O livro do Eclesiástico traz um aviso muito sério aos que se esquecem de Deus ou que manipulam sua imagem: "Não tente subornar a Deus, porque ele não aceitará o suborno. Não confie em um sacrifício injusto, porque o Senhor é juiz que não faz diferença entre as pessoas. Ele não dá preferência a ninguém contra o pobre. Pelo contrário, atende a súplica do oprimido. Ele não despreza a súplica do órfão, nem a **viúva** que desafoga suas queixas. Será que as lágrimas da **viúva** não lhe descem pela face, e o grito dela não se levanta contra quem a faz chorar?" (Eclo 35,11-15).

Essa frase do livro do Eclesiástico retoma e reafirma a certeza central que percorre a Bíblia de ponta a ponta: Deus atende ao clamor do pobre, do estrangeiro, da *viúva* e dos indigentes (Êx 2,23-25; 3,7-10).

* Breve síntese sobre as viúvas nos livros sapienciais

1. Mostra o que já vimos no Pentateuco e nos Livros Históricos: as viúvas continuam na fila dos que precisam de ajuda: os pobres, os indigentes, os oprimidos, os famintos, os prisioneiros, os cegos, os encurvados, os estrangeiros e os órfãos.

2. O livro dos Salmos faz perceber como a atenção às viúvas perpassa a espiritualidade das pessoas e seu relacionamento com Deus.

3. Nos livros do Eclesiastes e do Cântico dos Cânticos, não há nenhuma menção a respeito de viúvas.

4. Nos Livros proféticos

Isaías

1) O profeta Isaías faz este apelo: "Aprendam a fazer o bem! Busquem a justiça, acabem com a opressão. Lutem pelos direitos do órfão, defendam a causa da **viúva** (Is 1,17).

De novo, a viúva aparece na companhia dos órfãos e das pessoas indefesas que sofrem opressão e injustiça. Sinal de que as viúvas e os pobres não eram ajudados, pois se recebessem uma boa assistência, não seria necessário fazer tantos apelos de ajuda.

2) Isaías critica os habitantes de Jerusalém e denuncia seus governantes sem moral: "Seus líderes são rebeldes, amigos de ladrões; todos eles amam o suborno e andam atrás de presentes. Eles não defendem os direitos do órfão, e não tomam conhecimento da causa da **viúva**" (Is 1,23).

3) No texto que segue, o profeta Isaías anuncia a desgraça que vai cair sobre o povo por ele não ter seguido o caminho da justiça descrito nos Dez Mandamentos: "Yhwh corta de Israel a cabeça e a cauda, a palma e o junco, em um só dia. O ancião notável é a cabeça; e o profeta, mestre de mentiras, é a cauda. Os que dirigem esse povo o extraviam, e os que se deixam guiar ficam aniquilados. Por isso, Yhwh não terá piedade dos jovens, nem se compadecerá dos órfãos e **viúvas**, pois são todos ímpios e malvados, toda boca só diz loucuras" (Is 9,13-16).

Nesse texto transparecem a convivência desumana e a terrível desintegração da vida do povo como resultado da transgressão dos Dez Mandamentos.

4) Os injustos, eles mesmos, são a causa das desgraças que vão cair sobre eles: "Ai daqueles que fazem decretos iníquos e daqueles que escrevem apressadamente sentenças de opressão, para negar a justiça ao fraco e fraudar o direito

dos pobres de meu povo, para fazer das **viúvas** sua presa e despojar os órfãos" (Is 10,1-2).

5) O profeta ridiculariza os líderes que acham que nunca vão entrar na situação precária de pobreza e de vulnerabilidade das **viúvas**: "Agora, então, escute, criatura provocadora, que age despreocupada e preguiçosamente em sua segurança e diz a si mesma: 'Somente eu, e mais ninguém. Jamais ficarei **viúva** nem sofrerei a perda de filhos'" (Is 47,8).

Para os poderosos e os ricos arrogantes, uma pessoa ser considerada **viúva** era o mesmo que sofrer uma degradação social.

6) O profeta Isaías era do Século VIII antes de Cristo. Seu discípulo, o Deutero-Isaías, mais de duzentos anos depois, no fim do século VI, traz esta palavra animadora para o povo que voltava do cativeiro: "Não temas, porque não tornarás a ficar envergonhada; não te sintas humilhada, porque não ficarás confundida. Com efeito, hás de esquecer a condição vergonhosa de tua mocidade, não tornarás a lembrar o opróbrio de

tua **viuvez**, porque teu esposo será teu criador, YHWH dos Exércitos é seu nome. O Santo de Israel é teu redentor, ele se chama o Deus de toda a terra" (Is 54,4-5).

O sofrimento do povo, na época do cativeiro, foi como uma viuvez, como se o marido do povo tivesse morrido. Mas agora, no retorno do cativeiro, inverteu a situação: o povo reencontrou em Deus seu marido: "Teu esposo será teu criador, YHWH dos Exércitos é seu nome".

Jeremias

1) **Jeremias 7,5-7**: O povo se gloriava de ter em Jerusalém o majestoso templo, a casa de Deus: Templo de YHWH! Templo de YHWH!" (Jr 7,4). Por intermédio do profeta Jeremias, Deus avisa e denuncia: "Se vocês endireitarem seus caminhos e sua maneira de agir; se começarem a praticar o direito cada um com seu próximo; se não oprimirem o estrangeiro, o órfão e a **viúva**; se não derramarem sangue inocente neste lugar [o templo] e não correrem atrás dos deu-

ses estrangeiros que lhes trazem a desgraça: então eu continuarei morando com vocês neste lugar" (Jr 7,5-7).

Para Jeremias, não basta ter uma igreja bonita. O que importa é o próprio povo, ele mesmo, por meio da convivência comunitária, ser um templo santo que revela e irradia a presença de Deus por meio da fraternidade que acolhe todos.

2) **Jeremias 15,8**: Mas se o povo não se converter, a desgraça vai ser esta: "Suas **viúvas** vão ser mais numerosas que a areia do mar" (Jr 15,8). Ou seja, os homens vão morrer nas guerras, e todas as mulheres serão viúvas sem ajuda, abandonadas.

3) **Jeremias 18,21**: Jeremias pede que Deus lance uma maldição sobre o povo infiel: "Entrega à fome os filhos deles, lança-os ao poder da espada; que as mulheres deles fiquem sem filhos e **viúvas**, que seus maridos sejam mortos pela peste e seus jovens atingidos pela espada no combate" (Jr 18,21; cf. 49,11).

4) **Jeremias 22,3**: O que Deus pede é uma coisa só: "Administrem a justiça e o direito: livrem o explorado das mãos do opressor. Não oprimam nem maltratem o estrangeiro, o órfão ou a **viúva**; nem derramem sangue inocente neste lugar" (Jr 22,3).

5) No oráculo contra os Edomitas, que eram inimigos do Povo de Deus, Jeremias anuncia um castigo tremendo, mas tranquiliza as **viúvas**: "Deixe seus órfãos, e eu os farei viver; suas **viúvas** podem confiar em mim" (Jr 49,11).

6) Diz o profeta Jeremias contra os babilônios [caldeus] que maltrataram o povo: "Os feridos cairão na terra dos caldeus e os transpassados nas ruas de Babilônia. Porque Israel e Judá não são **viúvas** de seu Deus, YHWH dos Exércitos, ainda que sua terra esteja cheia de pecados contra o Santo de Israel" (Jr 51,4-5).

O texto descreve a ação de Deus contra a Babilônia que atacou e destruiu Jerusalém e matou tanta gente. Deus reage e diz para os babilônios: Cuidado! Israel e Judá não são **viú-**

vas de seu Deus. Ou seja, Deus, o marido do povo, continua bem vivo e vai reagir contra os caldeus [babilônios] que maltrataram sua esposa. Mesmo que a esposa esteja "cheia de pecados", o amor do marido é maior, e ele vai reagir contra os que maltrataram seu povo.

Lamentações

1) **Lamentação 1,1**: O autor da primeira Lamentação, vendo a cidade de Jerusalém totalmente destruída, compara Jerusalém a uma viúva: "Como está deserta a cidade, antes tão cheia de gente! Como se parece com uma **viúva**, a que antes era grandiosa entre as nações! A que era a princesa das províncias agora tornou-se uma escrava" (Lm 1,1).

De princesa honrada como esposa real, Jerusalém passou a ser uma **viúva** escrava, excluída de tudo.

2) **Lamentação 5,3-4:** Como porta-voz dos exilados, o autor da quinta Lamentação faz este

trágico lamento: "Nossa herança passou a estranhos, nossas casas a desconhecidos. Somos órfãos, já não temos pai; nossas mães são como **viúvas**. Nossa água por dinheiro a bebemos, nossa lenha entra como pagamento" (Lm 5,3).

A tragédia longamente anunciada pelos profetas acabou acontecendo. A guerra matou os maridos todos. Só sobraram órfãos e **viúvas**.

Baruc

1) **Baruc 4,12**: Escrito no século IV a.C., o livro mostra Baruc, amigo e secretário do profeta Jeremias, um profeta no começo do século VI, quando Jerusalém foi invadida e destruída pelo exército de Nabucodonosor. Identificando-se com a cidade destruída, Baruc solta este lamento: "Que ninguém se alegre comigo, agora **viúva** e abandonada de tantos: fiquei deserta por causa dos pecados de meus filhos, porque se desviaram da Lei de Deus; não reconheceram seus preceitos e não andaram pelos caminhos dos mandamentos de Deus, nem palmilharam

as veredas da disciplina segundo sua justiça" (Br 4,12).

2) **Baruc 4,14-16**: Aqui, Baruc continua no mesmo lamento: "Lembrai-vos do cativeiro de meus filhos e filhas, que o Eterno lhes infligiu! Pois fez vir contra eles uma nação vinda de longe, uma nação insolente e de língua estranha, que não teve respeito pelo ancião nem piedade para com a criança; e arrebataram os filhos queridos da **viúva** e deixaram-na sozinha, privada de suas filhas" (Br 4,14-16).

3) **Baruc 6,35-38**: Baruc denuncia os falsos deuses: "Não podem salvar ninguém da morte, nem podem livrar o fraco das mãos do poderoso. Não são capazes de devolver a vista ao cego, nem de livrar do perigo homem nenhum; não têm compaixão pela **viúva**, nem prestam ajuda nenhuma ao órfão. Esses deuses de madeira prateada ou dourada parecem pedras tiradas do morro: quem se ocupa deles só vai passar vergonha. Como, então, pensar ou dizer que são deuses?" (Br 6,35-38).

Enumerando tudo aquilo que os falsos ídolos não são capazes de realizar, Baruc faz perceber o que o povo pode esperar de YHWH, o Deus verdadeiro, o Deus do povo.

Ezequiel

1) **Ezequiel 22,6-7:** Na linha dos profetas Isaías, Jeremias e Baruc, o profeta Ezequiel faz a mesma denúncia contra o povo infiel, sobretudo contra a cidade de Jerusalém e seus moradores, que ele chama de "cidade sanguinária" (Ez 22,2). Ezequiel recebe de Deus a ordem de denunciar as abominações que nela são praticadas, pois "todos os chefes de Israel usam o poder para derramar sangue. Aí são desprezados o pai e a mãe, o imigrante é oprimido, a **viúva** e o órfão são explorados" (Ez 22,6-7).

2) **Ezequiel 22,23-26**: Como os outros profetas, Ezequiel descreve a maldade dos criminosos: "A palavra de YHWH me foi dirigida nestes termos: Filho do homem, dize-lhe: Tu és uma

terra que não recebeu chuva, nem rega no dia da ira,[5] seus príncipes no meio dela são como os leões rugidores ao despedaçarem sua presa. Devoram homens, arrebatam riquezas e objetos de valor, e multiplicam as **viúvas** no meio dela. Seus sacerdotes violam minha lei e profanam meus santuários, não fazem distinção entre o sagrado e o profano, não ensinam a diferença que há entre o impuro e o puro, desviam os olhos dos meus sábados e eu mesmo sou desonrado entre eles" (Ez 22,23-26).

3) **Ezequiel 24,15-27**: Este texto descreve a história e o significado da morte repentina da esposa do profeta Ezequiel. Deus diz ao profeta: "Criatura humana [filho do homem], eu vou tirar de você aquela que é o encanto de seus olhos. Não vista luto, nem se lamente, nem derrame lágrimas" (Ez 24,16). Morreu a esposa de Ezequiel, "o encanto de seus olhos", e ele ficou viúvo, sem receber o nome de *viúvo*, e Deus não permitiu que o profeta fizesse luto

pela esposa falecida. Era um sinal profético do que ia acontecer com todo o povo: todas as mulheres iriam ficar viúvas (Ez 24,22-24). Um sinal profético semelhante foi dado por Deus ao profeta Jeremias. Ele não podia chorar no velório, pois seriam tantos os mortos que nem velório não haveria (Jr 16,5-6).

4) **Ezequiel 44,21-22**: Com relação às normas a respeito do comportamento dos sacerdotes, Deus diz ao profeta Ezequiel: "Nenhum sacerdote beberá vinho nas ocasiões em que penetrar no átrio interior. Não se casarão com **viúva** ou repudiada, mas somente com uma virgem da linhagem de Israel. Poderão, contudo, casar-se com a viúva de um sacerdote" (Ez 44,21-22; cf. Lv 21,13-15). Sobre essas normas falaremos mais adiante na 3ª parte deste livro.

Zacarias

O profeta Zacarias repete o mesmo apelo de sempre com relação às viúvas: "Não oprimam a **viúva** e o órfão, nem o estrangeiro e o necessitado. Nem tramem maldades uns contra os outros" (Zc 7,10).

Malaquias

Malaquias, o último profeta do Antigo Testamento, anuncia a vinda do mensageiro de Deus que virá preparar o julgamento: "Eu virei até vocês para fazer um julgamento: serei uma testemunha atenta contra os feiticeiros e contra os adúlteros, contra todos os que juram falso, que roubam o salário do operário, contra os opressores da **viúva** e do órfão e contra os que violam o direito do estrangeiro. Esses não me temem! – diz YHWH dos exércitos" (Ml 3,5).

* Breve síntese sobre as viúvas nos livros proféticos

1. Mostra o mesmo que já encontramos nos cinco livros do Pentateuco, nos Livros His-

tóricos e nos Livros Sapienciais: as viúvas continuam a simbolizar os carentes, colocadas na fila dos indigentes, dos pobres e dos excluídos.

2. O fato de haverem tantas viúvas sem ajuda era uma prova evidente da desigualdade e da injustiça no povo de Israel. A presença de tantas viúvas é que fundamentam as denúncias dos profetas.

3. Por isso mesmo, causa uma certa estranheza tão poucos profetas falarem sobre as viúvas. Dos 18 livros proféticos, apenas 7 profetas mencionam as viúvas.

4. Nos livros proféticos de Daniel, Oseias, Joel, Amós, Abdias, Jonas, Miqueias, Naum, Habacuc, Sofonias e Ageu, não há nenhuma menção a respeito de viúvas.

5. Nos quatro Evangelhos

Mateus

1) **Mateus 23,14**: No evangelho de Mateus continua a mesma atitude com relação às viúvas que já verificamos nos livros do Antigo Testamento. Jesus denuncia o comportamento hipócrita dos fariseus e dos doutores da lei: "Ai de vocês, doutores da Lei e fariseus hipócritas! Vocês exploram as **viúvas**, e roubam suas casas e, para disfarçar, fazem longas orações! Por isso, vocês vão receber uma condenação mais severa" (Mt 23,14).

As viúvas, por serem pessoas frágeis de condição social inferior, não tinham proteção jurídica. Era mais fácil explorá-las impunemente.

2) **Mateus 22,23-24**: O evangelho de Mateus diz a respeito dos saduceus: "Os saduceus afirmavam que não existe ressurreição.

Alguns deles se aproximaram de Jesus, e lhe propuseram este caso: 'Mestre, Moisés disse, se alguém morrer sem ter filhos, o irmão desse homem deve casar-se com a **viúva**, a fim de que possam ter filhos em nome do irmão que morreu'" (Mt 22,23-24). Aí apresentaram o caso de sete irmãos que casaram com a mesma viúva e não tiveram filhos. E perguntaram a Jesus: "Na ressurreição, de qual dos sete ela será mulher? De fato, todos a tiveram" (Mt 22,28; cf. Mc 12,19.21; Lc 20,28-31).

Jesus se recusa a entrar na discussão com eles, nem responde à pergunta, mas denuncia com força a falsidade e a ignorância dos saduceus: "Vocês estão enganados, porque não conhecem as escrituras nem o poder de Deus" (Mt 22,29; cf. Mt 22,30-32).

Marcos

Estando em Jerusalém na praça do Templo, Jesus observava como as pessoas depositavam suas ofertas no Tesouro do Templo: "Chegou uma **viúva** pobre, e depositou duas pequenas moedas, que valiam uns poucos centavos. Então Jesus chamou os discípulos, e disse: 'Eu garanto a vocês: essa **viúva** pobre depositou mais do que todos os outros que depositaram moedas no Tesouro'" (Mc 12,42-43; cf. Lc 21,2-4). Sobre essa pobre viúva falaremos na 2ª parte deste livro.

Lucas

Dos quatro evangelistas, Lucas é o que mais menciona as viúvas:

1) **Lucas 2,37**: Menciona a profetisa Ana que, depois de casada, "ficou **viúva** e viveu assim até os oitenta e quatro anos" (Lc 2,37). De Ana falaremos na 2ª parte.

2) **Lucas 4,25**: Lucas informa que, na discussão que Jesus teve com o povo na sinagoga de Nazaré, ele disse que "havia muitas **viúvas** em Israel no tempo do profeta Elias" (Lc 4,25).

3) **Lucas 7,11-17**: Lucas descreve como Jesus, entrando na cidade de Naim, ressuscitou

um defunto que "era filho único e sua mãe era **viúva**" (Lc 7,12). Da viúva de Naim falaremos na 2ª parte.

4) **Lucas 18,2-5:** Lucas conservou a parábola que Jesus contou a respeito da **viúva** e do juiz injusto. Ele dizia: "Em uma cidade havia um juiz que não temia a Deus, e não respeitava homem algum. Na mesma cidade havia uma **viúva**, que ia à procura do juiz, pedindo: 'Faça-me justiça contra meu adversário!'" (Lc 18,2-3).

5) **Lucas 20,46-47**: Lucas traz a crítica de Jesus contra os doutores da lei, semelhante à crítica que já vimos em Mateus: "Tenham cuidado com os doutores da Lei. Eles fazem questão de andar com roupas compridas, e gostam de ser cumprimentados nas praças públicas. Gostam dos primeiros lugares nas sinagogas e dos postos de honra nos banquetes. No entanto, exploram as **viúvas** e roubam suas casas, e, para disfarçar, fazem longas orações. Por isso, eles vão receber condenação mais severa" (Lc 20,46-47).

6) **Lucas 21,2-4**: Lucas diz que Jesus elogiou a esmola da pobre viúva: "Jesus viu uma **viúva** pobre que depositou duas pequenas moedas. Então ele disse: "Eu garanto a vocês: essa **viúva** pobre depositou mais do que todos. Pois todos os outros depositaram do que estava sobrando para eles. Mas a **viúva**, em sua pobreza, depositou tudo o que possuía para viver" (Lc 21,2-4). Dessa viúva pobre falaremos na 2ª parte.

João

O Evangelho de João não menciona nenhuma viúva.

6. Nos Atos dos Apóstolos

1) **Atos 6,1**: Nos Atos dos Apóstolos, Lucas fala da tensão que havia na comunidade com relação à ajuda às viúvas. Ele diz: "Os fiéis de origem grega começaram a queixar-se contra os fiéis de origem hebraica. Os de origem grega diziam que suas **viúvas** eram deixadas de lado no atendimento diário" (At 6,1).

Isso mostra que já havia um começo de organização para a ajuda diária às viúvas e que, ao mesmo tempo, essa ajuda era motivo de tensão entre os cristãos.

2. **Atos 9,39-41**: Lucas descreve como Pedro ressuscitou a discípula Tabita, que fazia parte do grupo das viúvas. "Pedro mandou que todas saíssem; em seguida se pôs de joelhos e rezou. Depois, voltou-se para o corpo e disse: 'Tabita, levante-se!' Ela então abriu os olhos, viu Pedro

e sentou-se. Pedro lhe deu a mão e ajudou para ela se levantar. Depois chamou os fiéis e as **viúvas**, e apresentou-lhes Tabita viva" (At 9,40-41). Dessas viúvas, falaremos na 2ª parte deste livro.

7. Nas Cartas do Novo Testamento

Carta aos Coríntios

Paulo traz este conselho para as viúvas: "Aos solteiros e às **viúvas**, digo que seria melhor que ficassem como eu. Mas, se não são capazes de dominar seus desejos, então se casem, pois é melhor casar-se do que ficar fervendo" (1Cor 7,8-9).

Aqui transparece, novamente, que já havia um começo de organização nas comunidades para ajudar as viúvas, e que nem sempre era fácil realizar esta ajuda.

Carta a Timóteo

Paulo dá vários conselhos práticos de como deve ser feito o atendimento diário às viúvas necessitadas (1Tm 5,3-16). Na 3ª parte deste livro, falaremos da organização da comunidade em favor das viúvas.

Nas cartas aos Romanos, Gálatas, Efésios, Filipenses, Colossenses, Tessalonicenses, Tito, Filêmon e Hebreus, não há menção a respeito das viúvas.

Carta de Tiago

Eis a frase lapidar na qual Tiago resume a ajuda a ser dada às viúvas: "A religião que Deus, o nosso Pai, aceita como pura e imaculada é esta: cuidar dos órfãos e das **viúvas** em suas dificuldades e não se deixar corromper pelo mundo" (Tg 1,27).

Nas cartas de Pedro, de João e de Judas não há menção a respeito das viúvas.

PADRE REGINALDO CARREIRA

CAMINHOS DE ORAÇÃO PARA A CURA INTERIOR

Novena e terço para vencer as crises da vida

EDITORA
SANTUÁRIO

Direção editorial:	Pe. Fábio Evaristo R. Silva, C.Ss.R.
Conselho editorial:	Cláudio Anselmo Santos Silva, C.Ss.R. Ferdinando Mancilio, C.Ss.R. Gilberto Paiva, C.Ss.R. José Uilson Inácio Soares Júnior, C.Ss.R. Marcelo da Rosa Magalhães, C.Ss.R. Victor Hugo Lapenta, C.Ss.R.
Coordenação editorial:	Ana Lúcia de Castro Leite
Copidesque:	Sofia Machado
Revisão:	Luana Galvão
Diagramação:	Bruno Olivoto

ISBN 978-65-5527-030-3

ISBN 978-65-5527-124-9 (e-book)

4ª impressão

Rua Pe. Claro Monteiro, 342 – 12570-045 – Aparecida-SP
Tel.: 12 3104-2000 – Televendas: 0800 0 16 00 04
www.editorasantuario.com.br
vendas@editorasantuario.com.br

8. No Apocalipse

O Apocalipse retoma as profecias de Isaías para denunciar as pretensões orgulhosas do império romano, chamado Babilônia, e pede a Deus: "Façam-lhe sofrer tanto tormento e tanta aflição como a glória e o luxo a que ela se entregou. Em seu coração ela se vangloriava: 'Estou sentada como rainha; não sou **viúva** e jamais terei tristeza'" (Ap 18,7). Em seu orgulho, a antiga Babilônia tinha dito: "Só eu e ninguém mais além de mim. Nunca vou ficar **viúva** e nunca vou saber o que é perder filhos" (Is 47,8).

*** Breve síntese sobre a situação das viúvas nos livros do Novo Testamento**

1. As viúvas continuam na fila dos indigentes.

2. Aparece um começo de organização: a primeira pastoral social foi o atendimento às viúvas que estavam sendo esquecidas no atendimento diário.

3. A falta de ajuda a um grupo de viúvas é fonte de tensão nas comunidades.

4. Não aparece viúvo.

2ª parte

Visitando a casa de algumas viúvas da Bíblia

1. Tamar, a viúva estrangeira que lutou por seus direitos

A história de Tamar é uma história triste. Ela era uma mulher estrangeira e pagã. Foi escolhida pelo patriarca Judá para ser a esposa de Her, seu filho mais velho. Judá tinha três filhos: Her, Onã e Sela. Her veio a falecer sem ter filho (Gn 38,7). Então, conforme a lei da época (cf. Dt 25,5-6), Judá entregou Tamar para ser a mulher de Onã, seu segundo filho, que também morreu sem filho (Gn 38,8-10). Era obrigação de Judá dar Sela, o terceiro filho, em casamento para Tamar. Mas alegando que Sela ainda era menor, Judá mandou Tamar de volta para a casa do pai dela: "Viva como viúva na casa de seu pai e espere que cresça meu filho Sela" (Gn 38,11). Provavelmente, Judá considerava Tamar como mulher maldita ou enfeitiçada e temia que Sela viesse a morrer do mesmo jeito que seus dois irmãos. Tamar então voltou para a casa de seu pai (Gn 38,11-19). Mas quando Sela ficou adulto, Judá burlou a lei e não entregou Sela como esposo para Tamar (Gn 38,14).

De longe, Tamar observava a trapaça de Judá e procurou um jeito para conseguir seus direitos. No dia em que Judá foi tosquiar as ovelhas, Tamar se disfarçou de prostituta. "Ela trocou suas roupas de viúva, cobriu-se com um véu para se disfarçar e foi sentar-se à entrada de Enaim, que fica no caminho de Timna. Ela fez isso porque viu que, embora Sela já fosse crescido, ele não lhe havia sido dado em casamento" (Gn 38,14). Judá dormiu com Tamar e, como pagamento, prometeu a ela um cabrito do rebanho. Tamar então pediu, como garantia de pagamento, "o anel de selo com o cordão e o cajado" de Judá (Gn 38,15-18). "Ela se foi, tirou o véu e tornou a vestir as roupas de viúva" (Gn 38,19). Uns dias depois, quando Judá mandou o cabrito para recuperar o anel, o cordão e o cajado, a "*prostituta*" havia desaparecido.

Três meses depois, vieram dizer a Judá que sua nora Tamar estava se prostituindo, pois estava grávida (Gn 38,24). A pena prevista na lei era ela ser queimada viva (Lv 21,9). Quando agarraram Tamar para ser queimada, ela mandou dizer a Judá: "Estou grávida do dono destes pertences" e devolveu o anel, o cordão e o cajado (Gn 38,25). Judá os reconheceu e disse: "Ela é mais honesta do que eu, pois eu não lhe dei meu filho Sela" (Gn 38,26). E Judá a recebeu em sua casa, pois era um filho do próprio Judá que estava crescendo no seio de Tamar. Ela estava grávida de gêmeos. Tamar foi mãe de Farés e Zara (Gn 38,27-30). Foi assim que Tamar, uma mulher estrangeira, entrou na genealogia de Jesus (Mt 1,3).

2. Noemi, Rute e Orfa, três viúvas, três pobres, as três sem futuro

A história de Noemi, Rute e Orfa é uma novela popular muito bonita, que se passa na época dos Juízes, em torno do ano 1200 a.C., bem antes do rei Davi. Mas o livro de Rute foi escrito em torno do ano 400 a.C., bem depois do cativeiro na Babilônia, na época de Esdras e Neemias, que proibiam o casamento de judeus com mulheres estrangeiras. A história de Noemi e Rute é uma reação à decisão de Esdras, que proibia esses casamentos.

A novela de Noemi e Rute conta a seguinte história. Noemi e Elimeleque seu marido, eram de Belém da Judeia. Tinham dois filhos: Maalon e Quelion. Por causa da seca, eles migraram para a terra de Moab, do outro lado do rio Jordão. Estando por lá, os dois filhos, Maalon e Quelion, casaram com mulheres estrangeiras. Uma delas se chamava Rute, que significa *amiga*; a outra se chamava Orfa, que significa *costas*. Elimeleque, o marido de Noemi, morreu. Morreram também os dois filhos Maalon e Quelion. Sobraram três mulheres, três pobres, três viúvas, as três sem futuro: Noemi, Rute e Orfa.

Ao saber que estava chovendo de novo na Judeia, Noemi resolveu voltar para Belém. As duas noras quiseram ir junto. Noemi pediu que ficassem em sua própria terra e arrumassem marido e casamento por lá. Orfa aceitou e voltou atrás. Deu as *costas*. Rute, a *amiga*, não aceitou e disse: "Não adianta insistir comigo para eu deixar a senhora e voltar atrás. Aonde a senhora for, eu também vou. Onde a senhora passar a noite, eu também passo a noite. Seu povo será meu povo! Seu Deus será meu Deus! Onde a senhora morrer, quero eu também morrer e ser sepultada!" (Rt 1,16-17).

Noemi aceitou a decisão de Rute e a acolheu como membro do povo de Deus. Assim, Rute, uma viúva estrangeira, passou a fazer parte do povo de Deus.

Estando em Belém, sua nova terra, Rute resolveu colher espigas para ter o que comer. A lei do respigo dizia que os feixes deixados no campo, após a ceifa, eram dos órfãos e das viúvas (Dt 24,19). Rute foi colher espigas na terra de um tal de Booz. Este, ao ver Rute, foi amor à primeira vista. Cresceu uma amizade entre os dois. Booz era um parente longínquo de Noemi e, como tal, resolveu aplicar a lei do resgate (cf Lv 25,25-27. 47-49). Ele comprou a terra do falecido marido de Noemi e assim ele ajudou Noemi a sair da pobreza. Com a terra, ele também resgatou e adquiriu Rute como esposa. O povo de Belém aclamou o casamento dos dois e desejou que Rute se tornasse como Raquel e Lia, isto é, que ela, mulher estrangeira, se tornasse mãe do povo de Deus. De Booz e Rute nasceu um menino, chamado Obed, que significa *servo*. Obed é o avô de Davi (cf. Rt 4,17). Deste modo, Rute, uma estrangeira, entrou na genealogia de Jesus (cf. Mt 1,5).

Esse é o recado do livro de Rute para Esdras e Neemias. É como se dissesse para os dois: "Vocês, expulsando as mulheres estrangeiras, expulsam a bisavó de Davi que era uma estrangeira. Assim vocês contrariam todo o projeto de Deus e tornam impossível a realização das promessas".

3. Abigail, mulher sensata, viúva de marido grosseiro

Abigail era casada com um homem muito rico, chamado Nabal, criador de gado. "Tinha três mil ovelhas e mil cabras" (1Sm 25,2). Mas era avarento e grosseiro. Seu nome *Nabal* significa *tolo* ou *grosseiro* (1Sm 25,25). Eles moravam em Carmel, um pequeno vilarejo no sul de Judá. Abigail, sua esposa, era uma mulher bonita de inteligência aguda, além de grande bom senso e muita coragem (1Sm 25,3).

Quando, na briga com Saul, Davi foi obrigado a fugir para o deserto de Judá ele mandou alguns companheiros pedir comida na casa de Nabal. Nabal negou ajuda para o bando errante de Davi (1Sm 25,4-11). Davi se enfureceu e decidiu matar todos os homens da casa de Nabal (1Sm 25,21-22; cf. 25,12-13). Os empregados de Nabal avisaram Abigail do ocorrido e pediram para ela evitar a vingança de Davi. Abigail percebeu que a avareza e a grosseria do tolo Nabal poderiam colocar em risco toda a sua família. Ela, então, escondida do marido, foi ao encontro da tropa de Davi levando comida e ajuda (1Sm 25,14-19). Davi ouviu todas as explicações de Abigail (cf. 1Sm 25,24-31) e concluiu: "Bendita seja tua sabedoria!" (1Sm 25,33). Foi o que salvou a família de Nabal e de Abigail.

Quando Nabal ouviu de Abigail o que tinha acontecido, teve um enfarte fulminante e morreu depois de dez dias em coma (1Sm 25,37-38). Abigail ficou viúva (2Sm 2,2). Sabendo da morte de Nabal, Davi propôs casamento a Abigail. Ela aceitou. Casando-se com Davi, ela o seguiu em sua vida errante por lugares como Gat, Siceleg e Hebron. Em Hebron ela deu à luz um filho chamado Queleab (2Sm 3,3) ou Daniel (1Cr 3,1). O nome *Abigail* significa *alegria do meu pai* ou *meu pai é grande*.

4. A viúva de Sarepta, mulher pobre que acolheu e ajudou o profeta Elias

Em uma época de seca e de fome, Deus disse para o profeta Elias: "Vá imediatamente para a cidade de Sarepta de Sidom e fique por lá. Ordenei a uma viúva daquele lugar que lhe forneça comida" (1Rs 17,9). Elias foi. Quando chegou à porta da cidade, encontrou uma viúva que estava colhendo gravetos. Ele a chamou e perguntou: "Pode me trazer um pouco de água em uma jarra para eu beber?" (1Rs 17,10). Quando a mulher já estava indo buscar água, Elias também pediu um pedaço de pão. Ela respondeu: "Tenho apenas um punhado de farinha em uma vasilha e um pouco de azeite na jarra" (1Rs 17,12). Elias disse: "Vá! Mas primeiro prepare um pãozinho para mim. Depois você faz também para você e para o filho" (1Rs 17,13). Assim começou a história da viúva de

Sarepta, na época do profeta Elias. A viúva foi e fez o que Elias havia pedido. Preparou o pãozinho para Elias e depois preparou um pãozinho para si mesma e o filho. Diz a Bíblia: "A vasilha de farinha não se esvaziou e a jarra de azeite não acabou" (1Rs 17,16).

Qual a mensagem desse sinal? A mensagem é esta: Se formos capazes de partilhar entre nós o pouco que temos, nunca mais vai faltar comida na mesa do povo. Essa é também a mensagem da multiplicação dos pães que Jesus fazia (Mc 8,1-9). É a mensagem do testemunho dos primeiros cristãos: "Os cristãos tinham tudo em comum e não havia necessitados entre eles" (At 4,32-35). Se houvesse partilha no Brasil, não haveria mais fome, haveria comida para todos e ainda sobraria para muita gente fora do Brasil.

Tempos depois, o filho da viúva ficou muito doente e morreu (1Rs 17,17). Ela reclamou com Elias: "Você veio a minha casa para reavivar a lembrança de minhas faltas e causar a morte de meu filho!" Elias respondeu: "Dá-me teu filho" (1Rs 17,19). E ele clamou a Deus: "Ó Senhor, meu Deus, trouxeste também desgraça sobre esta viúva, com quem estou hospedado, fazendo morrer seu filho?" (1Rs 17,20). Elias levou o menino para o quarto e rezou a Deus: "Ó meu Deus, faz que este menino ressuscite!" (1Rs 17,21). Em seguida, esquentou o menino, deitando-se três vezes sobre ele, e a vida voltou. Ele o devolveu à mãe, e ela disse: "Agora sei que você é um homem de Deus e que a palavra de YHWH habita em sua boca" (1Rs 17,24).

Foi essa viúva pobre e estrangeira que deu o título mais bonito ao profeta: *homem de Deus, em cuja boca habita a Palavra de YHWH*. Jesus lembrou para o povo de Nazaré essa história da viúva de Sarepta (Lc 4,26).

5. A viúva que foi salva pela ajuda de suas vizinhas (2Rs 4,1-7)

Em torno do ano 850 antes de Cristo, na época do profeta Eliseu, morreu um dos irmãos profetas, que deixou uma dívida. O credor foi bater na porta da casa da esposa do falecido. Não tendo com que pagar a dívida, a viúva foi queixar-se com Eliseu, dizendo: "Um homem, a quem devíamos, veio para levar meus dois filhos como escravos". Isso significa que os dois filhos deviam trabalhar como escravos até que o trabalho escravo deles pagasse a dívida daquela mãe viúva. Geralmente, os pobres, uma vez escravizados, jamais teriam condições nem recursos para poder recuperar a liberdade. E como escravos já não faziam parte do povo. Não eram considerados gente.

A ajuda de Eliseu para a viúva do falecido irmão profeta é muito semelhante à ajuda de

Elias para a viúva de Sarepta (cf. 1Rs 17,7-16). O profeta Elias havia insistido que a viúva partilhasse com ele o pouco de pão que ainda restava na casa dela (1Rs 17,13). Eliseu, por sua vez, provocou a ajuda mútua entre as vizinhas da viúva do falecido irmão profeta. Ele disse para ela: "Vá e tome emprestado dos vizinhos uma grande quantidade de vasilhas. Depois entre em casa, feche a porta com seus filhos dentro, e encha todas as vasilhas com azeite. Conforme você as for enchendo, vá colocando à parte" (2Rs 4,3-4). A mulher fez o que Eliseu mandou, encheu todas as ânforas que conseguiu emprestar das vizinhas e "foi informar o homem de Deus". Eliseu lhe disse: "Agora vá, venda o azeite, pague a dívida e use o que sobrar para viver com seus filhos" (2Rs 4,7). Com o dinheiro da venda, ela conseguiu pagar suas dívidas e evitar a escravização dela e dos dois filhos.

A partilha e a ajuda mútua entre vizinhos e amigos, bem na base da convivência humana, são, até hoje, um dos instrumentos mais importantes para superar as divisões, pagar as dívidas, promover a fraternidade, refazer o relacionamento justo entre as pessoas e as famílias e criar uma nova convivência humana.

6. Judite, viúva corajosa que salvou seu povo

A história de Judite é uma parábola com muitos detalhes. Judite morava em Betúlia, uma cidade na região ao norte de Jerusalém. Manassés, seu marido, havia morrido durante a colheita da cevada (Jt 8,2-3). Naquela mesma época, o general Holofernes, a mando de Nabucodonosor, rei da Assíria (Jt 2,4), estava invadindo a Judeia para atacar Jerusalém. Mas no meio do caminho estava a cidade de Betúlia. A resistência de seus habitantes impedia que Holofernes pudesse chegar até Jerusalém. O general, então, cercou a cidade de Betúlia para poder derrotá-la (Jt 7,1). Os moradores da cidade caíram no desespero. O governador da cidade, Ozias, pediu ao povo que resistisse por mais cinco dias. Depois então entregaria a cidade ao general Holofernes.

Foi nessa situação desesperadora sem horizonte que surgiu Judite. Ela pediu confiança ao povo e preparou ardilosamente um plano para derrotar os inimigos do povo de Deus. Ela invocou a ajuda de Deus, a quem ela chamou com este título tão bonito: "Tu és o Deus dos humildes, o socorro dos oprimidos, o protetor dos fracos, o abrigo dos abandonados, o salvador dos desesperados" (Jt 9,11). Judite se enfeitou para mostrar toda a sua beleza e foi ao acampamento dos assírios. Ela se apresentou a Holofernes como cúmplice dos assírios invasores. Elogiada pelo general, ela ficou três dias no acampamento, sem despertar suspeitas. No quarto dia (cf. Jt 12,10), convidada por Holofernes, ela foi a um banquete na tenda do general. De noite, sendo deixada sozinha com ele, Judite aproveitou a oportunidade e cortou a cabeça do embriagado e seduzido Holofernes (Jt 13,6-10).

Na manhã do quinto dia, ela voltou para Betúlia, carregando dentro de uma sacola a cabeça de Holofernes. O gesto de Judite reanimou o povo da cidade. Cheios de entusiasmo e de coragem, eles passam ao ataque e espalham o pânico entre os inimigos. Vendo-se sem seu chefe Holofernes, os assírios fogem apavorados.

Judite foi levada em triunfo até Jerusalém. Depois de todas essas façanhas e festas, a viúva Judite voltou para sua casa em Betúlia, onde passou o resto de sua vida em uma velhice feliz, cheia de admiração. Morreu com a idade de 105 anos, respeitada e venerada por todos.

Em meio às homenagens pela vitória sobre os inimigos do povo, Judite tinha cantado um hino (Jt 16,1-17), no qual descreve a derrota dos inimigos: "O Senhor todo-poderoso os deixou frustrados pela mão de uma mulher!" (Jt 16,5).

7. Ana, viúva idosa de 84 anos

A "profetisa Ana" era "filha de Fanuel, da tribo de Aser. Ela casou bem jovem e viveu sete anos com seu marido. Depois ficou viúva e viveu assim até os oitenta e quatro anos de idade. Nunca deixava o recinto do Templo, servindo a Deus noite e dia, com jejuns e oração" (Lc 2,36-37). Conforme o pensamento do povo daquela época, Ana tinha a idade perfeita: 84 anos significa a vivência de 12 ciclos de 7 anos. Depois dessa longa vida, entre jejum, oração e serviço, Deus a recompensou por tanta dedicação, e Ana teve a alegria de encontrar-se com o menino Jesus no templo.

Ela estava no templo quando Maria e José lá chegaram, vindos de Nazaré, para resgatar o menino Jesus (Lc 2,36-38). Pois, segundo a Lei de Moisés, Jesus, sendo o primogênito, pertencia a Deus (cf. Nm 3,11-13). Caso José e Maria quisessem levá-lo consigo de volta para casa, deveriam fazer uma oferta de resgate. Eles fizeram a oferta dos pobres: dois pombinhos (Lv 5,7; cf. Lc 2,22-24): um pelo resgate de Jesus como primogênito (Êx 13,11; 34,19-20; Nm 18,15), e o outro pela purificação da mãe (Lev 5,7; 12,8). Depois dessa acolhida ao casal e ao menino, Ana "louvava a Deus e falava do menino a todos os que esperavam a libertação de Jerusalém" (Lc 2,38).

Hoje, também em nossas comunidades há muitas "Anas". São as senhoras que se dedicam ao serviço comunitário e à animação das celebrações. Elas dão uma contribuição muito importante na caminhada do povo de Deus. Muitas delas, com a idade bem avançada como Ana, ainda participam dos estudos bíblicos, das pastorais sociais e das romarias. Que Deus as abençoe sempre!

8. A viúva de Naim, cujo filho único havia morrido

Não sabemos o nome desta viúva. Ela era de Naim. Lugar pequeno, onde todo mundo conhece todo mundo e onde todos compartem a dor e a alegria de todos. Morreu o filho único dessa viúva. Todo povoado se solidarizou com ela e a acompanhou, levando o filho para o cemitério, que ficava fora dos muros da cidade. No mesmo momento em que a multidão saiu da cidade, Jesus chegou acompanhado de outra multidão e entrou na cidade. Os dois grupos se encontraram na porta da cidade (Lc 7,11-12). Vida e Morte se encontram!

Jesus sentiu a dor da mãe que perdeu o filho único: "Ao vê-la, o Senhor teve compaixão dela, e lhe disse: 'Não chore!'" (Lc 7,13). Ele mandou o cortejo parar, chegou perto do caixão e disse:

"Moço, eu te ordeno: Levanta-te" (Lc 7,14). O moço se levantou, e Jesus o devolveu à mãe. O povo comentou o fato dizendo: "Um grande profeta apareceu entre nós, e Deus veio visitar seu povo" (Lc 7,16). Eles souberam discernir a visita de Deus nos fatos da vida.

Hoje, também muitas pessoas sabem discernir a visita de Deus nos fatos da vida: "Irmã, ontem Deus passou aqui em casa e nos fez uma visita". "Como assim?" "Pois é. Meu menino estava passando mal e no posto de saúde me deram a receita de um remédio que custa 48 reais, mas eu não tinha dinheiro para comprar aquele remédio de 48 reais. À tarde, passou em casa uma senhora que deixou 48 reais em cima daquela mesa. E eu não tinha falado nada para ela. Foi Deus! Não foi?"

Como o povo de Naim, essa senhora pobre soube discernir a presença de Deus na visita que recebeu naquela tarde. *Foi Deus! Não foi?* Será que eu sei discernir?

9. A viúva generosa em sua pobreza deu tudo que possuía para viver

Era a semana antes da festa de Páscoa, a última semana de Jesus em Jerusalém, antes de ser preso e morto na cruz. Diz a Bíblia: "Jesus estava sentado diante do Tesouro do Templo e olhava a multidão que depositava moedas no Tesouro. Muitos ricos depositavam muito dinheiro. Então, chegou uma viúva pobre, e depositou duas pequenas moedas, que valiam uns poucos centavos" (Mc 12,41-42). Jesus o percebeu. Ele chamou os discípulos, e disse: "Eu garanto a vocês: essa viúva pobre depositou mais do que todos os outros que depositaram moedas no Tesouro. Porque todos depositaram do que estava sobrando para eles. Mas a viúva em sua pobreza depositou tudo o que tinha, tudo o que possuía para viver" (Mc 12,43-44; cf. Lc 21,3)

Para Jesus, as duas moedas da viúva valeram mais que os mil reais dos ricos. Como entender essa contabilidade de Jesus? É natural dar esmola para as viúvas, pois elas não têm recursos próprios. Mas não é natural uma viúva dar esmola, pois ela vive da esmola que recebe. Por isso Jesus a elogiou: "A viúva em sua pobreza depositou tudo o que tinha, tudo o que possuía para viver". Hoje, o povo diz: "Pobre não deixa pobre morrer de fome". De um lado, gente rica que tem tudo, mas não quer partilhar. Do outro lado, gente pobre que não tem quase nada, mas quer partilhar o pouco que tem.

Jesus disse ao jovem rico: "Vai, vende tudo o que tens, dá para os pobres" (Mc 10,21; cf. Lc 12,33-34; Mt 6,9-20). Qual o motivo dessa exigência de Jesus? Ele responde: "Onde está teu tesouro aí estará também teu coração" (Mt 6,21). A prática da partilha e da solidariedade é uma das características que o Espírito de Jesus quer suscitar em nós. A Bíblia diz a respeito dos primeiros cristãos: "Não havia entre eles necessitado algum. De fato, os que possuíam terrenos ou casas, vendendo-os, traziam o resultado da venda e o colocavam aos pés dos apóstolos" (At 4,34-35a; 2,44-45). As esmolas recebidas do povo não eram acumuladas, mas "distribuíam-se, então, a cada um, segundo sua necessidade" (At 4,35b; 2,45).

Dar esmola é uma maneira de reconhecer que todos os nossos bens e dons pertencem a Deus e que nós somos apenas administradores desses dons. Somos chamados a dar um passo e partilhar com os outros os bens e os dons que temos e recebemos (cf Lc 10,41; 12,33). A viúva deu esse passo. Deus se revelou na partilha daquela viúva pobre.

10. Tabita e suas amigas viúvas (Atos 9,32-43)

É bonita a frase com que Lucas descreve a situação das comunidades naqueles primeiros anos depois da ressurreição de Jesus e depois da descida do Espírito Santo no dia de Pentecostes: "A Igreja vivia em paz em toda a Judeia, Galileia e Samaria. Ela se edificava e progredia no temor do Senhor, repleta de consolação do Espírito Santo" (At 9,31). Paz, temor e consolação. Paz de Deus Pai, temor do Senhor Jesus e consolação do Espírito Santo!

Pedro se deslocava por toda parte, visitando e animando as comunidades. Assim ele chegou no povoado Lida no litoral, perto da atual cidade de Tel-Aviv. Lá havia uma pequena comunidade, cujos membros são chamados de *santos* (At 9,32). O povoado de Jope ficava perto de Lida. Também lá já havia uma pequena comunidade de seguidores de Jesus. Havia comunicação entre as comunidades, pois os de Jope ficaram sabendo que Pedro estava em Lida. Eles mandam um recado pedindo para Pedro vir a Jope: "Por favor, não demore em vir até nós!" (At 9,38). Eles estavam precisando de ajuda. Tabita, uma mulher elogiada pelas obras boas que fazia e pelas esmolas que dava, tinha morrido. Muito provavelmente, Tabita era a coordenadora da pequena comunidade.

Pedro atendeu ao pedido e foi para Jope. Assim que chegou na casa de Tabita, foi cercado pelas viúvas que choravam muito. Mostravam a Pedro as coisas que Tabita tinha feito: túnicas, mantos, roupa. A impressão que se tem é que Tabita animava um grupo de senhoras viúvas e as levava a fazer corte e costura para os pobres do lugar. Uma espécie de clube de mães. A própria Tabita deve ter sido uma viúva.

Assim como Jesus fez na casa de *Talita* assim faz Pedro na casa de *Tabita*. Ele pede para todo mundo sair da sala (At 9,40; Mc 5,40). Em seguida, como o profeta Elias na casa da viúva de Sarepta (1Rs 17,17-21), assim Pedro reza e pede a Deus para devolver a vida à falecida: "Pedro pôs-se de joelhos e orou. Depois, voltou-se para o corpo e disse: 'Tabita, levante-se!' Ela então abriu os olhos, viu Pedro e sentou-se. Pedro lhe deu a mão e ajudou-a para levantar-se. Depois chamou os santos, especialmente as viúvas, e apresentou-lhes Tabita viva. O fato ficou conhecido em toda a cidade de Jope, e muitos acreditaram no Senhor" (At 9,40-44).

Hoje também há muitas Talitas e Tabitas, mulheres que, esquecidas de si mesmas, vão doando sua vida pelos outros: em casa na família e na comunidade pelos pobres e necessitados.

3ª parte

Completando e Concluindo

1. A viúva na fila dos indigentes

Na longa lista dos textos que acabamos de percorrer e nas casas das dez viúvas que acabamos de visitar, tanto do AT como do NT, as viúvas quase sempre apareceram na fila dos indigentes juntamente com os pobres, os estrangeiros, os famintos, os idosos, os órfãos, os levitas, os doentes, as mulheres desonradas e rejeitadas. Ficou bem claro que, no tempo da Bíblia, as viúvas eram pessoas vulneráveis, sem proteção e sem condições de sobreviverem sozinhas, pois não havia SUS nem INSS. Não havia a assistência social que hoje existe em muitos lugares. Por isso que a Bíblia, tantas vezes, em nome de Deus, insiste para que o povo não se esqueça das viúvas. *Acolher as viúvas* é um apelo constantemente repetido nos livros da Bíblia, tanto do AT como do NT.

Mesmo assim, apesar dos muitos apelos e avisos, quase nada se fez, pois as viúvas continuavam aí precisando de ajuda. Por quê? Provavelmente, porque era opinião comum que a própria família devia apiedar-se da mulher que ficava viúva (cf. 1Tm 5,4). Além disso, quando morria o marido, a viúva devia casar de novo com um irmão do falecido marido e assim manter sua condição de mulher e esposa (Dt 25,5-6). Caso essa lei, chamada de Lei do Levirato (de *levir*, cunhado), não fosse respeitada, a mulher se tornava viúva. Ficando viúva, ela perdia sua posição social, era marginalizada, ficava sem recursos para sobreviver e se tornava mendiga ou prostituta (cf. Gn 38,15). Por outro lado, o marido, ficando viúvo, casava de novo e não mudava de posição social. Por isso não se fala dos viúvos na Bíblia.

A presença constante de tantas viúvas ao longo da história era um sinal evidente da falta de solidariedade que incomodava a consciência do povo. Ou seja, a experiência que eles tinham de Deus, como o Deus que "escuta o clamor dos pobres" (cf. êx 2,23-25; 3,7-10), fazia com que a presença das viúvas no meio deles se tornasse um apelo de Deus que levava o povo a dizer: "Temos que ajudá-las!" Esse apelo sempre voltava e transparece, até hoje, nos livros da Bíblia.

A partir da nova experiência de Deus em Jesus, esse apelo de Deus tornou-se ainda mais forte. Por isso, entre os primeiros cristãos, começou a aparecer uma organização para poder atender melhor às viúvas. Mas não foi fácil. Apareceram problemas que transparecem no livro dos Atos dos Apóstolos e nos conselhos do apóstolo Paulo para as comunidades poderem resolver os problemas. Vejamos:

2. Um começo de organização para ajudar as viúvas

Nos Atos dos Apóstolos

Lucas dá a seguinte informação: "Naqueles dias, o número dos discípulos tinha aumentado, e os fiéis de origem grega começaram a queixar-se contra os fiéis de origem hebraica. Os de origem grega diziam que suas viúvas eram deixadas de lado no atendimento diário. Então os Doze convocaram uma assembleia geral dos discípulos, e disseram: 'Não está certo que nós deixemos a pregação da palavra de Deus para servir às mesas'" (At 6,1-2).

Nessa informação transparece que já havia uma organização de ajuda diária para as viúvas, mas o crescimento imprevisto do número dos fiéis estava causando problemas. Havia queixas da parte dos fiéis de origem grega contra os de origem hebraica. Transparece ainda que quem estava cuidando da ajuda às viúvas eram os próprios apóstolos: "Não está certo que nós deixemos a pregação da Palavra de Deus para servir às mesas".

A necessidade de melhorar a ajuda diária para as viúvas levou-os a criar um novo serviço comunitário, o Diaconato. Dizia Pedro na reunião da comunidade: "Irmãos, é melhor que escolham entre vocês sete homens de boa fama, repletos do Espírito e de sabedoria, e nós os encarregaremos dessa tarefa" (At 6,3). A primeira pastoral social da Igreja foi criada para garantir comida e segurança de vida para as viúvas.

O que chama a atenção é o seguinte. Lá em Jerusalém, bem no começo da Igreja, eles eram apenas uma única comunidade. Mesmo assim, para poder atender às viúvas, eles escolheram não uma, mas logo sete pessoas. Sinal de que havia muitas viúvas, tanto entre os cristãos de origem hebraica como entre os de origem grega. A impressão que se tem é que a comunidade cristã já era o refúgio de pessoas vulneráveis que precisavam de ajuda. Por isso, as viúvas da cidade de Jerusalém, vendo que entre os cristãos havia uma assistência diária, elas entravam na comunidade para poder ter alguma ajuda.

Na carta de Paulo a Timóteo

Na primeira carta a Timóteo, o apóstolo Paulo fala a respeito da ajuda a ser prestada às viúvas das comunidades. Eis o texto:

> 3Honre as viúvas que são realmente viúvas. 4Porém, se
> alguma viúva tiver filhos ou netos, estes aprendam primei-
> ramente a cumprir seus deveres para com a própria família
> e a recompensar os seus pais, pois isso é agradável diante
> de Deus. 5Aquela que é verdadeiramente viúva, que ficou
> sozinha, deposita a sua confiança em Deus e persevera dia
> e noite em súplicas e orações. 6Mas a viúva que só busca
> prazer, mesmo se vive, já está morta. 7Portanto, ordene tudo
> isso, a fim de que elas sejam irrepreensíveis. 8Se alguém não
> cuida dos seus e principalmente dos que são de sua pró-
> pria casa, esse renegou a fé e é pior que um incrédulo. 9A
> mulher só será inscrita no grupo das viúvas com sessenta

anos e não menos, se tiver sido esposa de um só marido,
10 se tiver em seu favor o testemunho de suas boas obras,
criado filhos, sido hospitaleira, lavado os pés dos fiéis, so-
corrido os atribulados, aplicada a toda boa obra. 11 Rejeite as
viúvas mais jovens; pois, quando seus desejos se afastam de
Cristo, elas querem se casar, 12 tornando-se censuráveis por
terem rompido o seu primeiro compromisso. 13 Além disso,
elas aprendem a viver fofoqueiras e indiscretas, falando o
que não devem. 14 Desejo, pois, que as viúvas jovens se ca-
sem, criem filhos e dirijam a sua casa para não darem ao
adversário nenhuma ocasião de maledicência, 15 porque já
existem algumas que se desviaram, seguindo a Satanás. 16 Se
um fiel tem viúvas em sua família, preste socorro a elas; não
se onere a igreja, a fim de que esta possa ajudar aquelas que
são verdadeiramente viúvas" (1Tm 5,3-16).

3. Algumas impressões sobre a ajuda às viúvas na igreja primitiva

1. O atendimento da Igreja para as viúvas levou muitas viúvas a se converterem para poder entrar na comunidade e receber a ajuda que nela se prestava às viúvas.

2. Isto chegou ao ponto de haver muitas viúvas e que as próprias viúvas começavam a se organizar entre si como transparece na história de Tabita. Parece até uma "congregação" das viúvas.

3. Havia muito comodismo e aproveitamento entre próprias viúvas: havia viúvas muito jovens que não casavam, havia outras fofoqueiras, sem fazer nada.

4. A Igreja, sem se dar conta, virou tábua de salvação para as viúvas. Começaram a entrar na igreja viúvas espertas, fofoqueiras, ma-

landras que não queriam nada com nada, mas queriam apenas tirar proveito da ajuda diária. Muita gente esperta também se livrava do encargo de ajudar as viúvas de sua família e as enviava para a comunidade.

5. O problema cresceu e tornou-se uma situação insustentável que estava pedindo uma solução urgente, pois do contrário, a pastoral das viúvas poderia virar encosto de malandras e vagabundas.

6. Merece louvor e imitação o testemunho dos primeiros cristãos em atenderem ao apelo de Deus que transparecia na situação preocupante das viúvas.

7. Mas as medidas propostas na carta eram muito radicais. Em uma sociedade em que a média de vida era quarenta anos, quantas viúvas chegariam à idade de sessenta anos para serem atendidas?

Índice

Este livro foi composto com as famílias tipográficas Bree e Segoe
e impresso em papel Offset 75g/m² pela **Gráfica Santuário.**